UNIVERSITÉ DE FRANCE — ACADÉMIE DE NANCY
FACULTÉ DE DROIT DE NANCY

DU

PÉCULE CASTRENSE

ET DU

PÉCULE QUASI-CASTRENSE

EN DROIT ROMAIN

THÈSE POUR LE DOCTORAT

PAR
ANTOINE (Charles-Étienne)
né à Frécourt, canton de Bourmont (Haute-Marne), le 11 novembre 1864

UNIVERSITÉ DE FRANCE. — ACADÉMIE DE NANCY.
FACULTÉ DE DROIT DE NANCY.

DU
PÉCULE CASTRENSE
ET DU
PÉCULE QUASI - CASTRENSE
EN DROIT ROMAIN

THÈSE POUR LE DOCTORAT

PAR

ANTOINE (Charles-Félicien)

Né à Troisacourt, écart de Clermont (Meuse), le 11 novembre 1850

L'acte public sur les matières ci-après sera présenté et soutenu le vendredi
7 avril 1870, à quatre heures du soir

Président : M. DUBOIS, professeur.

Suffragants :

MM. JALABERT,
LIÉGEOIS,
} professeurs.

BIXET,
P. LOMBARD,
} agrégés.
GARNIER,

*Le Candidat répondra, en outre, aux questions qui lui seront faites sur les autres
matières de l'enseignement*

NANCY
IMPRIMERIE E. RÉAU, RUE SAINT-DIZIER, 54
—
1870

FACULTÉ DE DROIT DE NANCY

MM. JALABERT, ✠.I.O, Doyen, Professeur de Code civil (1re chaire) et Chargé du cours d'histoire, du Droit romain et du Droit français.

HEIMBURGER, I.O, ancien professeur de la Faculté de droit de Strasbourg, professeur honoraire.

LEDERLIN, A.O, Professeur de Droit romain (2e chaire), Autorisé à faire le cours de Pandectes et Chargé du cours de Droit français étudié dans ses origines féodales et coutumières.

LOMBARD (A.), A.O, Professeur de Droit commercial et Chargé du cours de Droit des gens.

LIÉGEOIS, A.O, Professeur de Droit administratif et Chargé du cours d'Économie politique.

DUBOIS, A.O, Professeur de Droit romain (1re chaire) et Chargé du cours de Droit civil approfondi dans ses rapports avec l'enregistrement.

BLONDEL, Agrégé, Chargé du cours de Code civil (2e chaire).

BINET, Agrégé, Chargé du cours de Code civil (3e chaire).

ORTLIEB, Agrégé, Chargé du cours de Procédure civile.

LOMBARD (P.), Agrégé, Chargé du cours de Droit criminel.

GARNIER, Agrégé, Chargé du cours de Pandectes, Autorisé à faire le cours de Droit romain (2e chaire).

M. LACHASSE, A.O, Docteur en Droit, secrétaire, agent comptable.

A LA MÉMOIRE DE MES GRANDS-PARENTS

—

A MON PÈRE — A MA MÈRE

DU PÉCULE CASTRENSE

ET

DU PÉCULE QUASI-CASTRENSE

EN DROIT ROMAIN.

INTRODUCTION.

A l'origine des sociétés nous voyons partout la propriété collective du sol par la tribu. La propriété privée est d'abord purement mobilière. Mais, quand les hommes se mettent à cultiver la terre, peu à peu à la propriété collective se substitue la propriété privée même pour le sol. (*De la propriété et de ses formes primitives*, par Émile de Laveleye.)

Toutefois dans cette nouvelle phase le droit de propriété ne s'est pas encore transformé en propriété privée, si l'on veut parler exactement. En effet le nouvel état de choses est moins la propriété de l'individu que celle de la famille, nouvelle communauté plus restreinte qui s'est substituée à la tribu.

Pour bien déterminer cette propriété de la famille, nous devons ajouter que plus que jamais dans les sociétés primitives la force brutale est prépondérante. Dès lors l'homme a sur sa femme et ses enfants un droit absolu et les possède au même titre et d'une façon aussi entière qu'une bête de somme. De là il résulte que pour eux n'existe pas plus de droit de propriété privée que pour l'animal domestique, et que ce qu'ils acquièrent est acquis au chef de famille au même titre que le gibier forcé par son chien.

A l'origine du droit romain, nous retrouvons cette propriété de la famille, qui a succédé à celle de la tribu. Du reste mieux qu'ailleurs et plus longtemps qu'ailleurs elle s'y est conservée dans toute sa rigueur. Nulle part en effet, au dire des jurisconsultes romains, parmi les nations qu'ils pouvaient connaître, l'autorité du chef de famille n'était aussi absolue : « Il n'existe » pas d'hommes, nous dit en effet Gaïus, qui aient » pareille autorité que nous sur leurs enfants. » (Gaïus, comment. II, § 87.)

A Rome le chef de famille était le pontife de la religion domestique. Il avait droit de vie et de mort sur ses descendants. A plus forte raison pouvait-il les maltraiter et les vendre. Quant aux biens, tout ce qu'ils acquéraient devenait sa propriété : « Tout ce »'qui échoit au fils, nous dit encore Gaïus, est acquis » au père, et celui qui est sous notre puissance ne » peut rien posséder en propre. » (Gaïus, comment. II, § 87.)

Bien que ne devant jamais entièrement disparaître

à Rome, l'autorité absolue du chef de famille ne perdit pas moins à la longue quelque peu de sa rigueur.

Pour ce qui a rapport à la propriété, disons en deux mots, et seulement pour bien montrer l'origine de l'institution juridique, que nous nous proposons d'étudier dans ce travail, disons qu'au droit absolu pour le père d'omettre ses descendants se substitua l'exhérédation formelle, puis l'exhérédation avec juste cause et sa sanction la *querela inofficiosi testamenti* avec la quarte légitime.

Jusqu'ici nous ne voyons naître aucun droit de propriété pour le fils de famille, nous voyons à peine plus ou moins bien sauvegarder ses droits à la succession de patrimoine de son père décédé. Toutefois en fait de bonne heure il arriva que le père abandonnât à son fils une certaine partie de la possession de son patrimoine (Tite-Live, liv. 2, n° 41). Ce fut là ce qu'on appela pécule profectice.

Avant d'aller plus loin, nous devons rechercher quelle peut bien être l'origine de ce mot pécule, l'institution que nous nous proposons d'étudier étant elle-même désignée par ce mot, et étant, jusqu'à un certain point, dérivée du seul droit, qui à l'origine fut ainsi qualifié.

D'après Ulpien (l. 5, § 3, D., liv. 15, t. 1, *de pecul.*), *peculium* dériverait de *pusillus*, petit, insignifiant, le pécule à son origine se composant de choses de peu d'importance. — Selon Varron (*De lingua latina*, XV, 95) et Festus (v° *Peculium*) ce mot viendrait de *pecus*, troupeau, le bétail étant surtout ce dont il était pricipalement composé dans les premiers temps. Cette seconde étymologie de pécule semble d'autant plus vraisemblable que le mot *peculium* se rapproche plus de pécule que *pusillus* avec lequel il n'a guère de commun qu'une seule lettre. Ajoutons que ce qui semble confirmer cette étymologie, c'est qu'à l'origine le bétail était avec la terre la source pour ainsi dire unique de la fortune du peuple romain. Personne, en effet, n'ignore que ce mot *pecus* a donné son nom à la monnaie, en latin appelée *pecunia*. Disons, enfin, qu'Ulpien est, avant tout, un jurisconsulte et point du tout un étymologiste, si peu que c'est lui qui dit que le mot testament vient de *testatio mentis* (fragm. XX, § 1).

Ceci dit, revenons au pécule profectice et disons qu'il n'était qu'un pur état de fait, dérivant du bon plaisir du chef de famille, qui pouvait, à son gré et quand bon lui semblait, le faire cesser. Ce pécule continuait de faire partie du patrimoine de la famille, et au décès du chef il était partagé comme bien de sa succession, et comme tel pouvait être saisi par ses créanciers. Toutefois, bientôt le père devint responsable des actes d'administration de son fils comme détenteur du pécule. De plus, depuis une constitution de l'empereur Claude, au témoignage d'Ulpien (l. 3, § 4, D.; — liv. 4, tit. 4, *de minore XXV annis*) le pécule profectice pouvait être distrait du patrimoine du chef de famille et saisi par le fisc. Le père, du reste, pouvait, après avoir émancipé son fils, lui abandonner le pécule en pleine propriété.

Excepté le cas d'émancipation et de donation du pécule, le fils de famille n'eut jamais rien qui ressemblât à une vraie propriété jusqu'à la création d'un nouveau genre de pécule, le pécule castrense. Ce qui distingue cette nouvelle institution de toutes autres, c'est qu'elle dérive surtout de causes politiques. En effet sa raison d'exister vient du besoin qu'avaient les empereurs de se concilier les bonnes grâces de l'armée, qui dès la fin de la République romaine était devenue la seule vraie puissance, et qui pouvait, à son gré, consolider ou renverser le pouvoir. Ce fut là un des nombreux priviléges que les empereurs prodiguèrent aux soldats.

L'origine du pécule castrense remonte-t-elle aux guerres civiles de la fin de la République, ou bien est-il né seulement avec l'empire, telle est la question historique qui se pose au début de cette matière?

A notre connaissance, aucun texte ne s'occupe directement de cette question. Les *Institutes* seules, au commencement du titre 12 du livre 2, après avoir mentionné l'incapacité de tester des personnes sous puissance de quelqu'un, parlent de l'exception à cette règle en faveur des fils de famille soldats pour le pecule castrense, et nous disent de quelle époque date cette dérogation au droit commun. Voici du reste ce texte :

« Non tamen omnibus licet facere testamentum.
» Statim enim ii qui alieno juri subjecti sunt, testa-
» menti faciendi jus non habent, adeo quidem ut,
» quamvis parentes eis permiserint, nihilo magis jure

» testari possint, exceptis eis quos antea enumeravimus,
» et præcipue militibus qui in potestate parentum sunt,
» quibus de eo quod in castris adquisierunt, permis-
» sum est ex constitutionibus principum testamentum
» facere. Quod quidem jus initio tantum militibus da-
» tum est, tam ex autoritate divi Augusti quam
» Nervæ, etc... » Si nous en croyions donc ce texte seul, ce serait Auguste qui aurait rendu le testament possible de la part du fils sur le pécule castrense, en rendant en même temps ce testament plus facile que celui des citoyens ordinaires. Donc il serait tout naturel de supposer que c'est lui qui a institué ce pécule, dont le testament militaire n'aurait été que le complément. En effet, dans ce texte ce pécule est regardé comme tellement lié au testament militaire, que le premier but, que l'empereur Justinien lui reconnaît, c'est de permettre au fils sous puissance de disposer de ce pécule.

Mais, outre ce texte, au Digeste nous avons encore la loi 1, pr., titre 1, *de testamento militum*, livre 29. La voici : « *Militibus liberam testamenti factionem qui-* » *dem divus Julius Cæsar rescripsit : sed ea concessio* » *temporalis erat. Postea vero primus divus Titius* » *dedit, etc...* » De ce second texte il résulte que le testament militaire serait non-seulement contemporain de la fondation de l'Empire, mais remonterait à Jules César. Or, comme le premier texte indique une étroite liaison entre le testament militaire et le pécule castrense, il semble qu'on peut supposer, avec assez de vraisemblance, que cette institution remonte aussi à

César. Du reste on ne comprendrait guère l'utilité et l'opportunité d'une faveur semblable à celle du testament militaire, si elle était interdite aux soldats encore sous puissance, c'est-à-dire à la plupart d'entre eux, puisque les armées se composent principalement de jeunes gens qui ont encore leur père. Cela est d'autant plus plausible que l'armée était toute la force de César et que c'est elle qui lui permit de vi ler impunément les lois et, en fait, d'abolir le gouvernement républicain.

Rendre indépendants les militaires, serviteurs et créateurs des empereurs, de toute autre autorité que de celle de leurs chefs, les affranchir même, jusqu'à un certain point, de la sujétion de la famille, tel est le but atteint par le pécule castrense. Affranchir d'autres serviteurs des empereurs, les fonctionnaires, à la fin de l'empire romain, tel est le but poursuivi par Constantin, en étendant aux dignitaires de sa cour le pécule castrense sous le nom de pécule quasi-castrense. C'est en effet véritablement de cette seconde période de l'Empire, depuis Dioclétien, que date la création en quelque sorte d'une nouvelle armée, celle des fonctionnaires et des dignitaires de toute sorte, le pouvoir s'étant à cette époque entouré du faste et du cérémonial oriental.

Cette deuxième institution, qui en réalité n'est qu'une extension de la première à une nouvelle catégorie de personnes, complétera naturellement notre étude, que nous devions faire précéder de cet aperçu préliminaire pour bien faire comprendre le caractère des institutions que nous allons examiner.

Mais, pour bien délimiter notre sujet, nous devons

ajouter que sous Constantin fut également créée une troisième sorte de pécule, le pécule adventice, dont le père eut l'usufruit, le fils la nue propriété. Ce nouveau pécule se composait des biens advenus au fils de la part de sa mère (l. 1, C., liv. 6, tit. 60, *de bonis maternis*), soit *ab intestat*, soit par testament ou par donation. Dans la suite en firent encore partie tous les biens laissés au fils par son ascendant maternel ou son conjoint. Enfin ce pécule se composa de tout ce qui était acquis au fils autrement que par la générosité de son père, de tout ce qui, pour tout dire, était en dehors du pécule profectice. Ce dernier progrès se produisit sous Justinien.

Mais, bien que ce pécule ait une certaine analogie avec les pécules castrense et quasi-castrense, comme il procède d'un autre ordre d'idées, nous ne le comprendrons pas dans notre étude.

PÉCULE CASTRENSE.

CHAPITRE PREMIER.

Composition du pécule.

Dans ses *Sentences* (liv. 3, tit. 4, § 3) le jurisconsulte Paul nous dit que ce pécule se compose de tout ce que le fils de famille acquiert en sa qualité de soldat et de ce qui lui est donné à son départ pour l'armée. Cette distinction est du reste répétée par le jurisconsulte Macer (l. 11, D., liv. 49, tit. 17, *de castr. pecul.*), sauf les termes, qui diffèrent légèrement.

Ainsi donc, nous appropriant la distinction faite dans ces deux textes, nous diviserons les biens qui composent le pécule castrense en deux catégories : 1° les acquisitions faites en qualité de soldat; 2° les biens donnés au fils à l'occasion de son service dans l'armée. A ces deux sources d'acquisitions nous en ajouterons toutefois une troisième, qui sera : les acquisitions faites par l'intermédiaire des choses faisant partie du pécule.

§ 1er. — Acquisitions faites par le fils en qualité de soldat.

Font partie comme tels du pécule castrense les biens qui suivent :

1° Les récompenses qui lui ont été accordées par ses chefs ;

2° Les économies qu'il a faites sur sa solde ;

3° La part de butin qui lui était attribuée ;

4° Les dons qu'il obtenait de son général ou de l'empereur à l'occasion de leur triomphe ;

5° Le *donativum munus*, c'est-à-dire les dons que faisait à la milice chaque empereur à son avénement, dons d'abord volontaires mais peu à peu considérés de la part des soldats comme obligatoires, à tel point que plusieurs fois il leur sembla très-naturel d'élever à cette dignité le plus fort enchérisseur.

§ 2. — Biens donnés au fils à l'occasion de son service dans l'armée.

Dans cette catégorie rentrent les donations faites au fils de famille partant pour l'armée par ses proches ou ses amis.

Toutefois cela n'est pas vrai d'une façon absolue. Disons d'abord d'une manière générale qu'il faut que la donation soit faite au fils de famille au moment de son départ pour l'armée ou durant son service militaire. Autrement les biens ainsi acquis ne feraient pas partie

du pécule castrense, mais grossiraient, suivant les cas,
ou bien le pécule profectice, si la donation émanait
du chef de famille, ou bien le patrimoine paternel, si
elle émanait d'une personne autre que le père ; car
alors il y aurait acquisition par l'intermédiaire d'une
personne sous puissance (l. 15, pr., D., liv. 49, tit. 17,
de castr. pecul.).

Supposons que la première condition soit remplie,
que la donation ait été faite à un fils de famille durant son service militaire, il faudra encore distinguer
quel est l'objet de cette libéralité. Suivant sa nature,
la donation entrera ou n'entrera pas dans le pécule.
Si la donation est mobilière elle grossira forcément le
pécule ; au contraire si elle est immobilière elle n'en
fera jamais partie (l. 4, C., liv. 3, t. 36, *famil. ercis-
cund.*). La raison de cette distinction semble être que
les meubles, de leur nature étant transportables, peuvent suivre le fils à l'armée et servir en quelque sorte
à son équipement, tandis qu'au contraire les immeubles,
non-seulement ne peuvent suivre le soldat dans les
camps, mais ne feraient, en devenant sa propriété
indépendante du chef de famille, que le rattacher à
autre chose qu'à son enseigne et à son général.

Toutefois, bien qu'insusceptibles en principe de com-
poser le pécule castrense, les immeubles ne peuvent
pas moins quelquefois entrer dans ce patrimoine. La
même constitution nous l'apprend, mais restreint cette
acquisition à ce titre au cas où les immeubles ont été
acquis par le fils de famille à l'occasion de son service militaire et pendant qu'il est soldat. Comme la

règle, l'exception a son principe dans l'idée de rattacher le plus possible le soldat à sa profession. En effet si des immeubles donnés par le père de famille le détacheront de sa profession, il en sera tout autrement de biens donnés par l'empereur aux légionnaires. Dans ce dernier cas, les fils de famille sentiront mieux que jamais l'avantage d'une position, qui leur permet de devenir propriétaires indépendants du chef de famille, et seront plus que jamais attachés au prince.

Une mère peut valablement faire une donation à son fils à titre de pécule castrense (l. 3, D., liv. 49, tit. 17, *de castr. pecul.*), quand du reste cette libéralité est conforme aux autres conditions ci-dessus énoncées pour l'entrée d'un bien dans ce patrimoine. Autrement la donation serait complétement nulle. En effet le fils n'acquérant pas à titre propre comme soldat pouvant garder la donation à titre de pécule castrense, acquérait comme personne sous puissance pour le compte de son père. Or comme les donations entre époux étaient nulles, une telle libéralité était dépourvue d'effets. Une telle nullité du reste frappait inévitablement une semblable libéralité avant l'introduction du pécule castrense, puisqu'avant cette institution le fils de famille non émancipé n'avait jamais de personnalité distincte de son père pour aucune acquisition.

Supposons maintenant que ce soit la femme du fils de famille, servant dans les armées, qui lui fasse une donation. Peu importe alors l'objet d'une telle disposition; peu importe que la libéralité soit subordonnée à la modalité d'entrer dans le pécule castrense. En effet, à quelque titre qu'elles soient faites, les donations entre époux sont toujours frappées de nullité.

Il avait cependant été apporté une dérogation à cette règle rigoureuse dans le cas où la donation avait pour objet un esclave, donné sous condition qu'il serait affranchi. En cette circonstance ce qui probablement faisait valoir la donation c'était la faveur généralement accordée aux affranchissements. C'était probablement aussi parce que le donataire n'était pas réellement enrichi, ce qui suffisait pour rendre valable la donation entre époux, comme nous le dit formellement Ulpien en ces termes : « Cum igitur nihil de bonis erogatur, » recte dicitur valere donationem. Ubicumque igitur » non diminuit de facultatibus suis qui donavit [valet] : » vel etiam si deminuat, locupletior tamen non fit qui » accepit, donatio valet (l. 5, D., liv. 24, tit. 1, *de donat. inter vir. et uxor.*). Toutefois, bien que valable, la donation ne permettra pas au fils de famille d'affranchir l'esclave sans l'ordre de son père. Dès lors les droits de patronage ne feront pas partie du pécule castrense. Au contraire l'esclave aura le père de famille pour patron et lui devra tous les devoirs personnels attachés à ce titre.

Cependant si la femme avait donné à son mari partant pour l'armée un esclave capable de lui rendre des services dans les camps, le fils de famille pouvait l'affranchir de son propre chef et pour son compte, et dès lors acquérait les droits de patronage en sa qualité de propriétaire du pécule castrense (l. 6, D., liv. 49, tit. 17, *de castr. pecul.*).

La dot apportée en mariage par la femme ne peut jamais entrer dans le pécule castrense de son mari. La dot en effet est spécialement destinée à subvenir aux charges du mariage, et par conséquent doit être acquise au chef de famille qui en a toutes les charges (l. 16, D., liv. 49, tit. 17, *de castr. pecul.*).

Au lieu de recevoir de sa femme à titre de dot, supposons que le fils de famille soit par elle institué son héritier. Une telle institution sera-t-elle valable à titre d'acquisition comme propriétaire du pécule?

Trois lois, au Digeste, dans le titre *de peculio castrensi*, les lois 8, 13 et 16 prévoient cette espèce. Dans la première, la loi 8, Ulpien résout la question dans le sens de la négative, parce que, dit-il, il faut s'attacher non pas à des raisons créées à plaisir, mais au fond des choses, qui est de savoir si c'est bien à l'occasion du service militaire que s'est faite l'institution. Dans les deux autres lois Papinien au contraire veut que l'institution soit valable et que l'hérédité de la femme aille grossir le pécule castrense C'est là, au dire de ce jurisconsulte, un point réglé par un rescrit d'Adrien.

Pour expliquer la contradiction, qui semble exister entre ces textes on a proposé divers systèmes plus ou moins satisfaisants.

Voici d'abord l'explication proposée à ce sujet par Cujas et reproduite par Pothier. Suivant eux tout se résume en une application des *lois caducaires*. Dans l'espèce prévue par les lois 13 et 16 il s'agirait d'une femme stérile qui a fait son testament en faveur de son mari. Justement le rescrit d'Adrien décida que les femmes stériles instituant leurs maris pour héritiers devraient être considérées comme l'ayant fait *occasione militiæ*, condition formellement exigée dans tous les cas où les acquisitions peuvent avoir lieu à titre de pécule castrense, et dérogea ainsi exceptionnellement aux *lois caducaires*. La loi 8 au contraire statue dans une espèce entièrement différente. Il y est question d'une femme qui a des enfants. On se trouve dès lors dans un cas tout à fait opposé à celui prévu par le rescrit, et l'on ne peut dire d'aucune façon que l'acquisition est valable, parce qu'elle est faite à l'occasion du service militaire, et alors peu importe l'intention du testateur, puisqu'on doit s'attacher non pas tant à l'intention manifestée par le disposant qu'à la réalité elle-même.

Il faut avouer que cette explication est ingénieuse. Elle l'est même trop pour être vraie. En effet elle est inventée de toutes pièces pour le besoin de la cause. Dans les textes dont il est ici question, on ne fait pas la moindre allusion aux *lois caducaires*. Or si la décision des jurisconsultes eût été fondée sur ces lois, Ulpien et Papinien n'eussent pas manqué l'un ou l'autre d'indiquer cette circonstance tout à fait importante. Et du reste, même en admettant la vérité du point de vue auquel se placent Cujas et Pothier, il faut dire que, d'après Ulpien (fragm., tit. 15), la femme pouvait toujours laisser un dixième du patrimoine à son mari. Par conséquent le rescrit de l'empereur Adrien n'aurait jamais pu étendre sa capacité que pour les neuf dixièmes non disponibles. De plus dans ce même texte, le même jurisconsulte, Ulpien, nous apprend que les restrictions résultant des *lois caducaires* par rapport aux dispositions entre époux cessaient de s'appliquer quand le conjoint était absent pour un service public. Or c'était justement là le cas d'un soldat.

Dans un autre système, on a dit : Dans les lois 13 et 16 Papinien s'occupe du cas où la femme a institué son mari encore en activité de service. Dans la loi 8 au contraire Ulpien suppose que l'institution s'adresse à un soldat qui a quitté le service actif, à un vétéran.

Pas plus que la première cette distinction n'a de fondement dans les textes. Elle est même dénuée de toute vraisemblance. Est-il en effet plausible qu'un rescrit soit intervenu pour régler le cas tout à fait rare et exceptionnel où un vétéran pouvait encore avoir un pécule castrense. Un vétéran n'était-il pas la plupart du temps *sui juris?* Et puis ce cas aurait-il encore été l'objet d'un rescrit, qu'on ne comprendrait encore pas, que dans deux textes de Papinien à ce sujet il ne soit rien dit sur l'objet d'une constitution s'occupant d'un sujet si peu usuel et par conséquent très-curieux?

Dans une troisième explication plus satisfaisante, on s'attache au fait que dans la loi 8, Ulpien ne parle que de donations et de legs, tandis que dans les lois 13 et 16, Papinien, en appliquant le rescrit de l'empereur Adrien parle du cas d'institution d'héritier. N'est-il pas dès lors assez vraisemblable que le rescrit d'Adrien se rapportait spécialement à une institution d'héritier, et qu'étant tout à fait opposé aux principes admis en cette matière, les jurisconsultes l'ont restreint à la matière spéciale qu'il réglait, et ne l'ont jamais étendue aux cas analogues.

Au lieu d'émaner de parents, de proches ou d'une femme, supposons que la libéralité ait pour auteur un compagnon d'armes qui institue pour héritier un autre soldat. L'hérédité entrera dans le pécule si la confraternité d'armes est le seul motif qui puisse expliquer l'institution. Peu importe du reste de la part du testateur le fait d'avoir déjà connu le fils de famille avant son entrée au service.

Toutefois on avait cru qu'on ne devait pas se montrer aussi favorable au fils de famille dans le cas où le testateur était un de ses agnats. Alors, disait-on, l'institution pouvait tout aussi bien s'expliquer par l'amitié ou par les relations de famille que par la camaraderie militaire. De là l'origine d'une distinction fondée sur le motif que l'institution est antérieure ou postérieure à l'entrée dans l'armée. Si elle était antérieure, on ne pouvait aucunement supposer qu'elle fût basée sur d'autres motifs que l'affection de famille, alors l'hérédité allait grossir le patrimoine du chef de famille. Si, au contraire, elle était postérieure, il était présumable que la camaraderie militaire avait été le motif surtout déterminant, et pour cette raison l'hérédité faisait partie du pécule castrense (l. 10, p. D., liv. 49, tit. 17, de castr. pecul.; — l. 4, C., liv. 12, tit 37, *de castr. pecul. milit.*). Toutefois, il ne suffisait même pas que l'institution eût eu lieu après l'entrée au service, il fallait de plus que les deux agnats servissent dans le même corps, autrement la présomption d'affection causée par la vie militaire en commun n'ayant aucune raison d'être, on rentrait dans le cas ordinaire d'une institution en faveur d'une personne sous puissance, et dès lors c'était le chef de famille qui en profitait (l. 16, § 1, D., liv 49, tit. 17, de *castr. pecul.*).

§ 3. — Acquisitions faites par l'intermédiaire de choses faisant partie du pécule.

Font à ce titre partie du pécule en premier lieu les immeubles achetés avec des deniers faisant partie de ce pécule, et à plus forte raison les meubles (l. 1, i. f., C., liv. 12, tit. 37, *de castr. pecul. milit.*). De même, les objets mobiliers nécessaires à sa profession, tels que harnachements de chevaux ou armes qu'il aura achetés avec l'argent que lui a donné sa femme dans ce but (l. 3, D., liv. 49, tit. 17 *de castr. pecul.*).

Font également partie à ce titre du pécule toutes les acquisitions faites par l'intermédiaire de l'esclave castrense, telles que par donations, successions, legs ou autrement. Cela se produit même dans le cas de stipulation intervenue entre l'esclave *castrensis* et le père du fils de famille qui possède le pécule dont fait partie l'esclave. Peu importe, du reste, dans le cas de semblable stipulation quelle en est la cause, peu importe qu'elle ait ou n'ait pas lieu *ex causâ peculii*, ce qui pourtant serait capital dans le cas où le fils stipulerait lui-même directement, puisque si alors la stipulation était faite à toute autre occasion qu'à celle du pécule elle serait nulle.

Ceci semble assez peu plausible. Cependant Papinien nous donne cette solution et la motive ainsi que nous allons le dire. D'après lui le fils joue un double rôle. En général, il est fils de famille, mais il est spécialement lui-même chef de famille pour le pécule castrense. Dans le premier cas sa personnalité se confond avec celle de son père, et par conséqnent il ne serait pas logique de lui donner des droits contre lui, une même personne ne pouvant avoir de droits valables contre soi-même. Dans le deuxième cas, au contraire, les personnalités étant distinctes, le fils pourra intenter une action contre son père. Contrairement au fils lui-même, l'esclave *castrensis* est complétement étranger au père; il n'est que l'esclave du fils et le chef de famille du fils n'a aucun droit sur lui. Étant toujours étranger au père, l'esclave *castrensis* pourra dès lors stipuler avec lui comme avec un étranger, soit *ex causa peculii*, soit *ex causa pagana*, et dans tous les cas le bénéfice de la stipulation profitera au maître du pécule castrense, qui n'est autre que le fils de famille.

Supposons maintenant un esclave *castrensis* institué héritier. Si l'institution a été faite par un étranger, pour faire adition, l'esclave devra requérir le consentement du fils et les biens provenant de l'hérédité viendront grossir le pécule castrense.

Si l'esclave a été institué par le père de son maître, le fils deviendra héritier sien et nécessaire (l. 18, pr., D., liv. 49, tit. 17), et l'adition sera inutile. Mais l'esclave ne deviendra pas libre comme dans le cas où il aurait fait partie d'un pécule profectice et aurait été institué par son maître.

Pour terminer cette matière des biens qui composent le pécule castrense, nous avons à ajouter une observation. En principe un pécule peut seulement être acquis par quiconque est *alieni juris*. Cependant un individu devenu *sui juris* peut par adrogation retomber sous la puissance d'un chef de famille. Dès lors il y a lieu de se demander ce que deviendront les biens qu'il posséderait à titre de pécule castrense s'il était *alieni juris*. Aucune constitution n'avait prévu ce cas, qui n'était pourtant pas purement imaginaire et exceptionnel. En dépit de ce silence le jurisconsulte Tertullien donne une solution. S'inspirant des vrais principes de la matière, il sauvegarde l'intérêt de l'adrogé, en décidant que les biens, qui auraient dû faire partie du pécule castrense, seront conservés à ce titre à l'adrogé et ne deviendront pas la propriété de l'adrogeant (l. 4, § 2, D., liv. 49, tit. 17., *de castr. pecul.*).

CHAPITRE II.

—

Droits du fils de famille sur le pécule.

Un texte d'Ulpien (l. 2, D., liv. 14, tit. 6, de senatusc. Macedoni.) nous donne le principe d'où découlent tous les droits du fils de famille sur le pécule castrense. Cette loi nous apprend que sur ce pécule le fils de famille a la même autorité qu'un chef de famille sur son patrimoine. De là il suit que le fils a le droit de disposer en toute liberté des biens composant ce pécule, sans aucune intervention de son chef de famille et avec une autorité aussi pleine et entière que ce dernier sur son patrimoine.

Le fils est donc investi d'une propriété irrévocable, attachée pour toujours à sa personne et sur laquelle ne pourra même influer la mort de son père; car à son décès il ne sera pas tenu de rapporter ce pécule dans la succession (l. 4, pr. D., liv. 40, tit. 17 *de castr. pecul.*; — l. 3, C., liv. 12, tit. 37, *de castr. pecul. milit.*; — l. 1, § 15, D., liv. 37, tit. 6, *de collati.*).

Cette propriété est également indépendante du fait de la dation en adoption ou de l'émancipation du fils par son père, qui ne peut pas plus, nous dit le jurisconsulte Papinien, lui enlever ce péculo en l'affranchissant du lien de la puissance paternelle qu'en le retenant sous sa puissance (l. 12, D., liv. 40, tit. 17, *de castr. pecul.*).

Ainsi donc le propriétaire d'un péculo castreuse, étant indépendant de toute autorité, a l'exercice plein et entier de toutes les actions relatives aux biens qui le composent (l. 4, § D., liv. 40, tit. 17, *de castr. pecul.*). De même il peut engager le péculo par toute espéce de contrat, et en disposer soit à titre gratuit soit à titre onéreux (l. 7, § 0, D., liv. 39, t. 5, *de donat.;* — . 9, C., liv. 12, tit. 37, *de castr. pecul. milit.*).

Ajoutons qu'à propos de contrats peu importe qu'ils soient passés avec un étranger ou avec le chef de famille lui-même. En effet, en sa qualité de propriétaire du péculo castrenso, le fils peut tout aussi bien devenir le créancier que le débiteur du pére de famille, duquel de ce chef il a une personnalité distincte. De plus il est indifférent pour lui qu'il contracte soit personnellement, soit par l'intermédiaire d'une personne sous sa puissance, par exemple un esclave *castrensis*. Cependant le fils ne peut citer son père en justice qu'après autorisation du préteur qui le permettra, après avoir entendu les raisons du fils, *cognitâ causâ*, cela très-probablement à cause du lien étroit qui continuait à lier le père au fils en dehors du péculo. Toutefois même avec cette restriction que cela ne lui est permis qu'à l'égard de son père adoptif, jamais de son père légitime (l. 8, pr., D., liv. 2, tit. 4, *de in jus vocando*).

Le fils étant le maitre absolu de son péculo castrenso

et pouvant, comme nous venons de le dire, l'engager
de toute façon, étant en quelque sorte par rapport à
ce patrimoine un chef de famille, il est naturel qu'aucune loi ne restreigne sa capacité de contracter des
dettes contre l'intérêt du chef de famille, et que le
sénatus-consulte macédonien ne lui soit pas applicable.
Dès lors s'il a reçu une somme d'argent de quelqu'un
en vertu d'un prêt, il pourra toujours être poursuivi,
sans que le juge ait à s'enquérir du but de l'emprunt
(l. 2, D., liv. 14, tit. 6, *de senatus-c. Macedoni.*).

Le fils pourra donc en qualité de propriétaire d'un
pécule castrense être poursuivi pour toutes les dettes
par lui contractées, quelle qu'en soit d'ailleurs l'origine
(l. 7, D., liv. 49, tit. 17, *de castr. pecul.*). Mais à cela
il y a cependant une restriction : tout le temps qu'il
sera sous les drapeaux, il jouira du bénéfice de com-
pétence et ne pourra être poursuivi que *quatenus
facere potest* (l. 6 et 18, D., liv. 42, tit. 1, *de re
judici*).

De l'indépendance absolue du pécule castrense du
patrimoine du chef de famille, il résultera que celui-ci
ne pourra jamais être actionné par l'action *de peculio*
par les créanciers de son fils. Si dès lors il répond à
une action intentée contre son fils, il devra, en sa
qualité de *procurator* ordinaire donner la caution *judi-
catum solvi* pour le tout et non pas seulement jusqu'à
concurrence du pécule. De même s'il veut représenter
son fils défendeur, il doit la caution *de rato*, tout
comme une personne étrangère au fils (l. 18, § 5,
D., liv. 49, tit. 17, *de castr. pecul.*).

Cependant les dettes du fils de famille peuvent être
les unes antérieures, les autres postérieures à son
entrée dans l'armée. Les créanciers postérieurs au
départ du fils pour l'armée seront toujours payés de
préférence aux autres. Cela par la raison que les
créanciers postérieurs ont plutôt servi à l'équipement
et à l'entretien du soldat, raison tellement simple et
fondamentale en notre matière que dans le texte du
jurisconsulte Ulpien qui donne cette solution, il ne lui
a pas même paru nécessaire de l'indiquer (l. 1, § 8,
D., liv. 42, tit. 6, *de separati.*).

De même que par un contrat le fils peut engager le
pécule castrense sans aucune intervention du chef de
famille, de même aussi il peut faire seul adition
d'une succession, à laquelle il a droit en vertu d'une
institution faite en sa faveur par un compagnon d'armes.
Nous avons vu en effet, qu'une telle institution à raison
de la camaraderie militaire va de droit grossir le pécule
castrense. Dès lors le fils ayant un intérêt complète-
ment distinct pourra non-seulement en pareil cas se
passer d'un ordre du chef de famille, mais même
pourra faire adition en dépit d'une défense formelle
de celui-ci (l. 5, D., liv. 49, tit. 17 *de castr. pecul.*).

Le fils étant seul propriétaire des objets qui composent son pécule, est par là même le possesseur légal
des choses qu'il détient dans ce même patrimoine.
Comme tel il est responsable de toutes les suites de la
possession, comme il en retire tous les bénéfices. Ainsi
détient-il la chose d'autrui, ce sera contre lui et non
pas contre le chef de famille que le propriétaire devra

diriger soit l'action en revendication, soit l'action *ad exhibendum* (l. 18, § 4, D., liv. 10, tit. 17, *de castr. pecul.*).

Tous les droits du fils sur son pécule castrense impliquent une autorité aussi étendue que ceux d'un chef de famille sur son patrimoine. Toutefois, si à tous ces droits ne vient pas s'en joindre un autre plus important, celui de disposer librement par testament, le pécule ne sera pas, à proprement parler, un vrai patrimoine et une propriété dans l'acception ordinaire de ce mot. Cependant à l'origine ce droit n'était pas nécessairement inhérent au pécule castrense. C'était plutôt un privilége attaché au service militaire. En effet les constitutions d'Auguste de Trajan et de Nerva n'accordaient ce privilége qu'au soldat sous les drapeaux. Mais l'empereur Adrien étendit cette prérogative aux vétérans eux-mêmes (Inst., liv. 2, tit. 12, §§ 1 et 2; *quib. non est permiss.*).

De là néanmoins il ne faudrait pas induire que le pécule castrense ayant une origine militaire, le fils pour disposer des biens qui le composent sera soustrait au droit commun. Loin de là, ici même le droit d'user du testament militaire est attaché au fait du service sous les drapeaux, et après la sortie du service on ne peut pas plus user du testament militaire pour disposer de ce pécule, qu'un soldat *sui juris* sorti du service ne le pourrait lui-même pour transmettre un patrimoine ordinaire (*Sentences de Paul*, liv. 3, tit. 4, § 3 ; — *Institut.*, liv. 2, tit. 11.). Aussi le testament militaire, même celui par lequel on disposerait d'un pécule castrense, ne vaudra plus si le testateur est mort plus d'un an après son congé.

L'observation que nous venons de faire sur la distinction établie entre le fait de pouvoir disposer du
péculo castrense par testament et celui d'user des priviléges du testament militaire nous donne l'explication
de la loi 10, § 2 (D., liv. 49, tit. 17 *de castr. pecul.*).
Voici le cas prévu par cette loi : — Elle suppose un
fils de famille qui n'est plus sous les drapeaux. Ce fils
de famille a institué une personne héritière de son
péculo castrense. Avant la mort du fils, son père est
prédécédé, et de ce chef ce fils devient *ignorans et
invitus* son héritier sien et nécessaire. Quant à son
tour lui-même il décède, il ignore toujours l'ouverture
de la succession paternelle. Comme il n'a pu faire un
testament militaire et de ce chef mourir partie *testat*,
partie *intestat*, il n'a pu instituer quelqu'un pour la
seule partie de son patrimoine, qui composait le péculo
castrense. Aussi réputera-t-on l'expression *ex castrensi
peculio* non écrite, et rien ne s'opposera à ce que
l'héritier institué pour le péculo ne recueille en même
temps que les biens qui le composent le patrimoine du
père. En effet la situation du fils de famille à sa mort
est celle d'un homme qui se croit très-pauvre lors de
la confection de son testament, quand cependant, à son
insu, il a été enrichi par les opérations commerciales
d'un de ses esclaves, trafiquant dans des pays lointains.

La fiction du *postliminium* s'étendait au testament
du fils de famille, qui avait disposé de son péculo castrense par un tel acte. Si donc après la confection de
son testament il était fait prisonnier et mourait chez
l'ennemi, sa mort légalement remontait à l'époque de

son entrée en captivité et son testament était valable (l. 14, pr., D., liv. 49, tit. 17, *de castr. pecul.*).

Quand le fils de famille a disposé par testament du pécule castrense, pendant que l'héritier institué délibère ce patrimoine constitue-t-il une hérédité jacente? — Papinien s'occupe de cette question dans la loi 18 au Digeste (liv. 45, tit. 3, *de stipulat. servor.*). Il suppose un esclave commun appartenant à un nommé Mœvius d'une part, et à un pécule castrense de l'autre. Cet esclave a fait une stipulation après la mort du propriétaire du pécule et avant l'adition de l'institué. D'après ce jurisconsulte la stipulation profitera au seul Mœvius et nullement à l'héritier institué, qui depuis a fait adition. C'est qu'en effet les constitutions impériales qui ont donné le droit de disposer par testament du pécule castrense dérogent au droit commun et comme telles ne doivent pas être étendues au delà de leurs termes. Or au moment de la stipulation on ne sait si véritablement il y aura une hérédité : elle n'existera que par le fait de l'adition. Comme dès lors quand un esclave commun stipule et que l'un des maîtres est incapable de faire une stipulation, la stipulation de l'esclave profite à celui-là seul des maîtres qui est capable, ici le seul Mœvius bénéficiera de l'opération de l'esclave.

Toutefois ce même jurisconsulte, Papinien lui-même, donne une solution contraire dans la loi 14, § 1, au Digeste (liv. 49, tit. 17, *de castr. pecul.*) et indique d'une façon tellement formelle le principe de l'hérédité jacente, que nous ne voyons pas de conciliation possible entre les deux textes. Comment dire en effet que c'est parce que dans le cas précédent la stipulation ne devenait pas forcément inutile, et profitait au copropriétaire, tandis qu'ici à défaut de copropriétaire elle devrait l'être forcément? — Comment poser le principe formel que les constitutions impériales sont de droit strict, et puis en fait dire ensuite le contraire?

CHAPITRE III.

Droits du chef de famille sur le pécule castrense.

Les droits du chef de famille sur le pécule castrense peuvent se manifester à deux époques, du vivant du fils de famille ou après sa mort. Suivant qu'ils se manifestent dans l'une ou l'autre période ils diffèrent beaucoup en efficacité et en étendue : nous les étudierons donc successivement dans cet ordre.

§ 1er. — Droits du chef de famille du vivant du fils.

Il semblerait d'après ce que nous venons de dire dans les chapitres précédents, que le chef de famille n'a aucun droit sur le pécule castrense du vivant du fils, celui-ci ayant une propriété pleine et entière et complétement indépendante. Toutefois on comprend qu'il ne soit pas complétement étranger au pécule, si l'on considère qu'éventuellement il peut recueillir le pécule par succession, si son fils n'en a pas disposé par testament. Dès lors rien d'irrationnel à ce que les jurisconsultes lui permettent les actes, qui, loin de nuire au fils, lui seraient avantageux, ou bien ceux qui lui seraient indifférents, par le fait qu'ils sont éminemment conditionnels et ne peuvent porter atteinte à son droit de propriété et à son droit de disposer de ses biens *castrenses*. Aussi le chef de famille pourra-t-il améliorer le pécule de son fils, par exemple en le dégrevant de servitudes passives, ou bien en lui acquérant des servitudes actives (l. 18, §§ 2 et 3, D., liv. 49, tit. 17, *de castr. pecul.*).

Dans le paragraphe trois de la loi, que nous venons de citer, le jurisconsulte Mécien, pour faire comprendre la solution et préciser l'étendue des pouvoirs du chef de famille, nous dit qu'ils sont ceux d'un interdit sur son patrimoine. Or, s'il y avait complète assimilation, le père ne pourrait faire aucun acte de disposition. Mais ce n'est là qu'une comparaison en partie exacte, en partie inexacte. Exacte en ce que le chef de famille peut améliorer le pécule de son fils ; — inexacte en ce qu'il peut quelquefois même faire des actes d'aliénation, ce que nous indique du reste le même jurisconsulte dans la même loi, au paragraphe premier, avant d'avoir fait cette comparaison.

En fait d'aliénations seront interdites et comme telles sans efficacité celles qui disposent de la propriété actuelle. Seront valables au contraire celles qui ne doivent produire effet que dans l'avenir, pourvu qu'à l'époque fixée le fils soit mort *ab intestat*.

Dès lors le père ne pourra du vivant de son fils actionner en partage un propriétaire commun d'une des choses composant le pécule. En effet dans le partage le juge fait une adjudication, ce qui constitue une aliénation actuelle. Il est de plus incapable de se porter comme défendeur à une telle action, car il disposerait encore de la propriété actuelle, en intervenant dans une instance qui se termine par une aliénation actuelle, une adjudication (l. 18, § 2, D., liv. 49, tit. 17, *de castr. pecul.*).

De même le père ne pourra du vivant de son fils affranchir *vindicta* un esclave *castrensis*, car un tel affranchissement produit un effet immédiat ou bien est nul. L'affranchissement *vindicta* est en effet un *actus legitimus*, et comme tel ne peut être subordonné à aucune condition (l. 19, § 4, D., liv. 49, tit. 17, *de castr. pecul.*). — Au contraire il pourra faire un affranchissement testamentaire, pourvu qu'à l'époque de l'ouverture de sa succession le fils soit mort *ab intestat* (ead. lex, § 3).

Cependant ce n'est pas sans contestation que cette solution conforme aux principes fut admise. On avait objecté contre cette solution, que l'esclave ne pourrait en même temps être possédé pour le tout par le chef de famille et par le fils, chose tellement vraie, disait-on, que le père et le fils ayant tous deux affranchi l'esclave et étant tous deux morts, ce serait en vertu du testament du fils que l'esclave serait libre. Mais, nous dit le jurisconsulte Tryphoninus, c'est cependant avec raison, qu'un rescrit de l'empereur Audrien est venu résoudre la question en faveur du père. C'est là en effet une solution conforme au principe de la rétroactivité admis pour les actes de disposition du chef de famille. Du reste quand on cite le cas de deux testaments à la fois, celui du père et celui du fils, on se place en dehors de la question, car on ne peut jamais parler des droits du père, quand le fils n'est pas mort *ab intestat*.

§ 2. — Droits du chef de famille après la mort du fils.

Le fils de famille mort, deux situations distinctes peuvent se présenter, suivant qu'il a testé, ou bien est mort *ab intestat*.

Nous étudierons successivement ces deux cas.

1° *Le fils de famille a testé*.

Le fils peut alors avoir institué soit son père, soit un étranger.

Supposons en premier lieu qu'il ait institué son père.

Dans ce cas le chef de famille recueillera les biens qui composent le pécule comme une hérédité et non à titre de pécule lui faisant retour. Dès lors il pourra faire adition ou répudier la succession. S'il fait adition, l'action qui lui permettra de réclamer les biens sera la pétition d'hérédité, action générale les embrassant tous comme faisant partie d'une universalité. Au contraire, si c'était à titre de pécule que ces biens lui fissent retour, l'action qui lui serait donnée pour les recouvrer serait la revendication, action spéciale à chaque objet (l. 31, pr., D., liv. 5, tit. 3, *de hered. petit.*; — l. 50, D., liv. 6, tit. 1, *de reivindicat.*). Cela ne peut du reste faire l'objet d'aucun doute. On peut tout au plus faire une observation sur la loi première, § 3, au même titre, du Digeste, de la revendication, d'après laquelle un troupeau peut être revendiqué. La différence dans les deux cas s'explique facilement : on pouvait revendiquer en bloc une universalité de fait, mais jamais une universalité de droit.

Si un objet qui fait partie du pécule est soustrait avant l'entrée en possession du chef de famille, l'action en réparation du dommage causé ne pourra pas être l'action *furti*. Le père aura l'action qu'on donne à l'héritier contre l'usurpateur d'une hérédité jacente, une *persecutio extraordinaria*, le *crimen explitatæ hereditatis*. Au contraire, s'il acquérait les biens qui composent le pécule castrense *jure peculii*, les objets soustraits étant censés avoir toujours été sa propriété, il pourrait user de *l'actio furti* et de la *conditio furtiva* (l. 33, §1, D., liv. 12, tit. 1er *de acquir. rer. domin.*).

De même le chef de famille devra payer les dettes du fils *ultra vires* comme l'héritier d'une succession ordinaire; et contre lui les créanciers auront une action qui durera aussi longtemps que contre leur débiteur primitif. Au contraire, s'il recueillait *jure peculii* il ne serait tenu qu'*intra vires peculii*, car le principe de son obligation envers les créanciers naîtrait seulement de la détention des biens du pécule qui sont devenus leur gage. De plus il ne pourrait être actionné que durant une année utile (l. 17, pr., D., liv. 49, tit. 17., *de castr. pecul.*).

Il devra également acquitter les legs, tandis que s'il reprenait le pécule *jure peculii*, il ne pourrait nullement en être question. Ajoutons que dans le cas où l'hérédité est ainsi grevée de legs il faut bien distinguer quelle est la forme de testament employée, en d'autres termes si le fils a testé conformément au droit civil ou bien s'il a fait un testament militaire. Dans ce dernier cas en effet, le chef de famille ne pourra réclamer la quarte Falcidie, mais devra acquitter les legs jusqu'à concurrence du pécule (l. 17, § 1, D., liv. 49, tit. 17, *de castr. pecul.*).

Jusqu'ici nous avons toujours supposé que le père institué a fait adition. Supposons qu'au contraire il répudie. Dans ce dernier cas il recueillera *jure peculii*, car si sa qualité d'héritier s'efface, celle de chef de famille n'en continuera pas moins à persister. Dès lors aussi comme il n'y aura plus d'hérédité, les legs seront annulés. — Étant donné ce dernier effet de la répudiation du père, il n'était pas douteux que le père souvent ne fît pas adition pour ne pas acquitter les legs. Mais pour se protéger contre une semblable spéculation les légataires pouvaient invoquer l'édit du préteur, *si quis omissa causa testamenti*. D'après cet édit un héritier légitime, institué par testament, qui répudiait pour se soustraire aux legs mis à sa charge et pour recueillir l'hérédité *ab intestat*, n'en n'était pas moins tenu des legs comme s'il avait fait adition. La situation du père était sans doute différente, en ce sens qu'au lieu de recueillir *ab intestat* il le faisait *jure peculii*; mais dans ce cas on interprétait l'édit plutôt d'après son esprit que d'après son sens littéral. Dès lors, même dans ce cas, on appliquait l'édit toutes les fois que l'actif du pécule dépassait le passif (l. 17, D., liv. 49, tit. 17, *de castr. pecul.*).

Le chef de famille, avant d'avoir recueilli par testament le pécule castrense, pouvait avoir du vivant de
son fils affranchi dans son propre testament un esclave
faisant partie du pécule castrense. Rigoureusement un
semblable affranchissement aurait dû être nul, puisqu'on ne peut affranchir un esclave dont on n'est pas
le maître. On ne peut en effet dire ici, comme en cas
de dévolution *ab intestat* du pécule, que la propriété a
toujours reposé sur la tête du père et ne lui fait en
quelque sorte que revenir. Ici en effet le père est
investi de la propriété du pécule en vertu d'un testament, qui ne peut émaner que d'un propriétaire (l. 9,
D., liv. 40, tit. 9 *qui et à quib. manumit.*). Toutefois
on avait déclaré cet acte valable, à cause de la faveur
due aux affranchissements (l. 20, D., liv. 49, tit. 17,
de castr. pecul.).

Tout en mourant *intestat* le fils peut néanmoins avoir
laissé des codicilles, par lesquels il a imposé à son
père la charge de restituer le pécule à d'autres personnes. Le père pourra-t-il alors retenir la quarte
pégasienne?

On sait que la loi Falcidie avait défendu au testateur
de mettre à la charge de l'héritier institué des legs
pour plus de trois quarts des biens héréditaires.
Le sénatus-consulte pégasien avait étendu cette solution aux fidéicommis dérivant d'un testament. Enfin
une constitution de l'empereur Antonin l'avait rendue
applicable aux fidéicommis laissés par codicilles et mis
à la charge des héritiers *ab intestat*. Dans notre cas
il s'agit de savoir si on assimilera le chef de famille à
un héritier *ab intestat*.

Le jurisconsulte Paul, qui examine cette question, expose les raisons de douter que nous allons reproduire. La loi Falcidie, dit-il, a bien été étendue aux hérédités *ab. intestat* en ce qui a rapport aux fidéicommis. Mais dans notre cas il n'y a point d'hérédité, car le père reprend le pécule, *jure pristino*. On ne saurait du reste rien trouver d'analogue entre notre espèce et celle où l'on applique la fiction de la loi Cornelia. Dans le cas où un individu est mort chez l'ennemi après avoir testé, en vertu de la fiction du *postliminium* il y a en effet une hérédité et un héritier.

Cependant, malgré ces motifs de doutes, le jurisconsulte étend la constitution de l'empereur Antonin au cas où le père recueille *jure peculii*. Si, dit-il, on a étendu l'édit du préteur au père de famille pour lui faire exécuter les legs, quand il a omis de faire adition dans le but de s'en affranchir, on peut bien aussi lui étendre le bénéfice de la quarte Pégasienne.

Cette quarte étant étendue au père de famille, on devra lui appliquer toutes les réglés admises en cette matière. Ainsi seront imputables sur la quarte les fruits perçus avant l'époque fixée pour l'exécution du fidéicommis. Si donc ces fruits étaient l'équivalent de la quarte, le chef de famille devrait restituer tout le pécule.

De plus, comme on applique le sénatus-consulte Pagasien, le pécule constitue pour le père une hérédité et dès lors il sera passible des actions utiles et pourra par ces actions être poursuivi comme un héritier (l. 18, D., liv. 35, tit. 2, *ad leg. Falcidi.*).

L'institué peut être un étranger.

Cet institué peut accepter ou répudier la succession.

Quand il accepte, il n'y a pas de difficulté. Le père est exclu complétement. Une seule question se présente celle de savoir, si pendant que l'héritier délibère on appliquera la fiction de l'hérédité jacente. Nous avons traité cette question à la fin du chapitre 2, à propos des droits du fils sur le pécule castrense.

Supposons, qu'au lieu d'accepter, l'héritier institué répudie la succession. Dans ce cas Ulpien et Papinien admettent tous deux que le pécule castrense ainsi répudié fera retour au chef de famille non comme une hérédité mais comme un pécule, *jure pristino.* Aussi dans ce cas ne pourrait-on pas soutenir qu'il y a une hérédité jacente continuant la personne du défunt.

Mais, si pour le principe du retour ces deux jurisconsultes sont d'accord, pour les effets qu'ils lui attribuent ils diffèrent.

Pour Ulpien les biens font retour au chef de famille comme lorsque le fils est mort *ab intestat,* et ils sont réputés avoir été toujours sa propriété (l. 0, D., liv. 40, tit. 17, *de castr. pecul.*).

Il nous semble au contraire que pour Papinien, d'après les solutions qu'il donne dans les textes de loi, que nous allons examiner, l'acquisition des biens par le père était sans effets rétroactifs, et que pour lui les biens n'appartenaient au père que depuis la répudiation de la succession par l'étranger.

Partant du principe qu'il a posé, Ulpien dans la loi même que nous venons d'indiquer, reconnait au chef de famille le droit de léguer *per vindicationem*, du vivant du fils, un objet qui fait partie du pécule castrense, parce qu'il était propriétaire du pécule lors de la confection du testament et à sa mort.

Le chef de famille peut avoir affranchi par son testament et du vivant du fils un esclave du pécule castrense, Ulpien alors dans la même loi admet que cet affranchissement vaudra. Dans ce cas probablement, la solution de Papinien, dont nous n'avons aucun texte à ce sujet, aurait été la même ; mais probablement, pour lui, comme pour le jurisconsulte Tryphoninus, le legs aurait valu comme legs d'affranchissement *et favore libertatis* (l. 19, § 5, D., liv. 49, tit. 17, *de castr. pecul.*).

Où l'on voit la différence des deux doctrines opposées d'Ulpien et de Papinien, c'est dans l'espèce suivante, qu'ils ont tous deux prévue. Tous deux se demandent si une stipulation ou une tradition en faveur de l'esclave du pécule castrense faite durant le temps qui s'écoule entre la mort du fils de famille et la répudiation de son hérédité sera ou non valable (Ulpi., l. 33, D., liv. 41, tit. 1, *de acquir. rer. domin.*; — Papini., l. 14, § 4, D., liv. 49, tit. 17, *de castr. pecul.*).

Pour Ulpien, ces opérations seront valables, car par le fait de la répudiation de l'héritier institué le pécule est censé avoir toujours été la propriété du chef de famille, auquel dès lors l'esclave a emprunté sa capacité juridique et dont il a été le représentant.

Pour Papinien au contraire elles seront nulles. Pour lui elles n'ont pu avoir aucun effet, parce qu'elles émanent d'une personne qui n'avait aucune capacité juridique, l'esclave n'ayant pu à cette époque être la propriété du fils de famille. Dès lors Papinien n'admettait aucun effet rétroactif.

Toutefois à la fin de ce texte de Papinien il faut signaler un passage tout à fait en contradiction avec la solution qu'il vient de donner, et que voici : « *Sed paterna verecundia nos movet, quatenus et in illa specie ubi jure pristino apud patrem peculium remanet, etiam adquisitio stipulationis vel rei traditæ per servum fiat.* »

Il y a là quelque chose de trop formellement contradictoire avec ce qui précède et de trop brusquement amené sans transition d'une idée à une autre idée tout à fait opposée, pour y voir autre chose qu'une phrase ajoutée après coup.

Mais alors à qui attribuer cette interpolation ? Pour Cujas (*Cujaccii opera posthuma*, *1*, *quesli. Papini, liv. XVII*) c'est une note d'Ulpien sur Papinien. Mais rien n'indique sur quoi repose cette hypothèse. La manière de voir de M. Pellat (Confér. sur les Pand., année 1860) est bien plus sérieuse. Pour lui cette interpolation vient des compilateurs du Digeste. En effet *quatenus* pris, comme dans ce passage, dans le sens de *ut* ne se rencontre que dans le Latin du Bas-Empire. Au contraire, chez les jurisconsultes classiques ce mot exprime toujours une idée de limite et signifie jusqu'à concurrence, comme en témoignent du reste les expressions usuelles dans le langage juridique de Rome : *quatenus facere poterit, quatenus locupletior factus fuerit.* Enfin cette phrase : *verecundia paterna nos movel* est une des prolixités favorites des compilateurs.

Quoi qu'il en soit, ce n'est pas dans ces deux seuls textes que l'on voit Papinien et Ulpien soutenir ces deux opinions contraires. Cette divergence se rencontre encore à propos d'un legs fait à un esclave qui fait partie du pécule d'un fils mort après avoir fait un testament, legs qui s'ouvre pendant que les héritiers du fils délibèrent.

En effet dans la loi 33 (D., liv., 41, tit. 1, *de acquir. rer. domin.*) Ulpien met le legs fait au fils de famille sur la même ligne que la stipulation. C'est assez dire qu'il veut que la capacité du père rétroagisse avant la répudiation. De plus, après cette assimilation du legs à la stipulation, assimilation assez expressive par elle-même, pour mieux faire comprendre encore ce qu'a d'absolu pour lui l'application de son principe, il l'étend au legs d'usufruit, en disant que ce legs sera toujours valable, qu'il profite soit à l'héritier institué, s'il accepte, soit au père, si cet héritier répudie. Dans ce dernier cas même la *diei cessio* du legs rétroagira pour le chef de famille avant la répudiation par l'héritier institué.

Dans la loi 14, § 2, au Digeste (liv. 49, tit. 17, *de castr. pecul.*), Papinien, au contraire, tout en disant que le legs quel qu'il soit sera valable, n'admet pas la rétroactivité des droits du père, d'où pour lui la *diei cessio* du legs ne se produira qu'après la répudiation de l'hérédité par l'héritier institué par testament.

2° Le fils de famille est mort intestat.

Dans ce cas le père de famille recueillera les biens qui composent le pécule non pas à titre d'héritier mais en sa qualité de père, auquel le pécule castrense fera retour comme un pécule profectice, *jure pristino.* Ainsi il sera censé en avoir toujours été propriétaire.

N'étant pas héritier, le père ne sera pas tenu de payer les dettes du fils *ultra vires*, il ne pourra en être tenu que jusqu'à concurrence du pécule, par l'action de *peculio*, et il ne pourra être poursuivi que pendant une année utile à partir du décès du fils, quelle que soit la durée des actions contre celui-ci (l. 17, D., liv. 49, tit. 17, *de castr. pecul.*). Enfin une dernière conséquence du fait que le père n'est pas héritier, c'est qu'il n'aura pas contre les tiers détenteurs des biens composant le pécule la *petitio hereditatis*, mais devra intenter la revendication ; et comme cette action ne permet pas de recouvrer une *universitas juris*, il devra l'intenter pour chaque objet spécial.

Tel était le droit du chef de famille, quand le fils était mort *ab intestat* avant Justinien ; mais cet empereur substitua un nouvel ordre de succession, ce qui est ainsi formulé dans les Instituts (*Inst.*, liv. 2, tit. 12, pr.) : « Si intestati decesserint, nullis liberis vel fra- » tribus superstitibus, ad parentes eorum jure com- » muni pertinebit. » Dès lors, en cas de mort *ab intestat* du fils, son pécule est en premier lieu recueilli par ses descendants, à leur défaut par ses frères et sœurs, et enfin à défaut de ces derniers par ses ascendants.

Mais les ascendants qui viennent en troisième ligne, à quel titre recueillent-ils? Et parmi eux quel est celui qui sera préféré, sera-ce le plus proche ascendant, le père, ou l'aïeul, qui est chef de famille? — Si le pécule est recueilli *jure successionis*, le père primera l'aïeul. Au contraire si le patrimoine est déféré *jure peculii*, le chef de famille sera préféré au père. Justement sur ce point le texte des Institutes est obscur, puisqu'il dit simplement que les ascendants recueilleront *jure communi*. Aussi ce texte a-t-il donné lieu à deux interprétations : pour les uns cela veut dire que les ascendants viendront par droit de succession, pour d'autres qu'ils recueilleront par droit de puissance paternelle.

Pour prétendre que dans le texte des Institutes, *jure communi* signifie à titre héréditaire, on dit que dans l'ordre de succession que Justinien établit pour le pécule castrense, l'empereur prend pour modèle celui qui existait déjà auparavant pour le pécule adventice. Or pour ce dernier pécule, le troisième ordre d'héritier était le père, qui recueillait *jure hereditatis*. Du reste, ajoute-t-on, s'il en est ainsi pour le pécule adventice, cela doit à plus forte raison se produire pour le pécule castrense. En effet du vivant du fils les droits du chef de famille sur le pécule adventice sont bien plus étendus que ceux dont il est investi sur le pécule castrense, puisqu'il est usufruitier du pécule adventice, tandis que la pleine propriété du pécule castrense demeure au fils. Comment, dit-on enfin, Justinien qui affaiblissait déjà si fort les prérogatives du chef de famille en lui préférant les descendants et les frères et sœurs du propriétaire du pécule castrense, aurait-il voulu sauvegarder ses droits quand il ne recueillait qu'en troisième ordre. Du reste ne serait-ce pas quelque chose de bizarre de voir les descendants et les frères et sœurs recueillir à titre d'héritiers, tandis que le chef de famille recueillerait *jure peculii*.

Nous avouons que ces arguments seraient pour nous décisifs sans l'autorité de Théophile, l'un des jurisconsultes qui ont concouru à l'œuvre de Justinien, et qui dès lors devait savoir le sens attribué à un texte à la rédaction duquel il avait collaboré. Voici en effet comme il s'exprime dans sa Paraphrase : « Ad » parentes pertinebit, jure communi, id est tanquam » peculium paganum. » Nous dirons donc avec Cujas et Ortolan que ce sera en troisième ligne le chef de famille qui recueillera *jure peculii*.

Quoi qu'il en soit, cette question n'a guère qu'un intérêt historique, car la novelle 118, postérieure seulement de dix années aux Institutes, vint changer complétement la matière des successions *ab intestat* et ne reconnut plus au père qu'un droit héréditaire, et le fit concourir avec les frères et sœurs germains.

PÉCULE QUASI-CASTRENSE.

A l'origine, ainsi que du reste son nom seul l'indique, le pécule castrense était une institution exclusivement réservée aux seuls militaires. Ce n'est donc que par extension que son bénéfice fut étendu à d'autres personnes, par suite d'assimilation, d'où, dans ce cas, le nom de pécule quasi-castrense.

A ce propos, la première question qui se pose c'est celle de savoir à quelle époque remonte l'extension du pécule castrense à d'autres personnes qu'aux militaires.

Disons d'abord que dans le Digeste plusieurs textes mentionnent le pécule quasi-castrense comme s'il existait à l'époque classique (l. 1, § 6, D., liv. 36, tit. 1, *ad senatusc. Trebelli.*; — l. 3, § 5, D., liv. 37, tit. 4, *de bonor. possessi.*; — l. 16, § 15, D., liv. 37, tit. 6, *de collati.*; — l. 7, § 6, D., liv. 39, tit. 5, *de donati.*).

Tous ces textes sont d'Ulpien, et la mention qui y est faite du pécule quasi-castrense est tout à fait sommaire. Or il serait en premier lieu étrange qu'un jurisconsulte parlât d'une extension aussi importante du pécule castrense, et n'en parlât que d'une façon aussi sommaire; d'autant plus, qu'ainsi que nous allons le voir, ce pécule, à l'origine, n'était pas en tout point identique au pécule castrense. De plus, il n'est pas moins insolite que ce même jurisconsulte n'en dise pas un mot dans ses Règles. Dès lors, il y a tout lieu de croire à une interpolation de la part des compilateurs du Digeste, qui ont par là probablement voulu mettre d'accord le Digeste avec les constitutions impériales qui traitent de ce sujet au Code.

Étant éliminés ces textes du Digeste, il nous reste plusieurs constitutions impériales dans le Code. La première en date, celle qui a véritablement innové et véritablement créé le nouveau pécule, est une constitution de l'empereur Constantin (l. uniq., C., liv. 12, tit. 31, *de castr. omni. palatinor. pecul.*). Cette constitution concède aux officiers du palais, qui, dit-elle, ont déjà plusieurs priviléges, le droit d'acquérir à titre de pécule castrense les choses qui proviennent soit de leurs économies, soit des dons qui leur sont faits par l'empereur, cela tout le temps qu'ils sont employés dans le palais.

Dioclétien et Maximien étendirent ce privilége aux assesseurs des *præsides* pour ce qu'ils ont pu acquérir par des gains honnêtes et licites (l. 7, C., liv. 1, tit. 51, *de assessor.*).

Théodose et Valentinien ensuite concédèrent la même faveur aux *scriniarii* et aux *exceptores* (l. 6, C., liv. 12, tit. 37, *de castr. pecul. milit.*).

À leur tour, par une constitution d'Honorius et de Théodose, les avocats se virent constituer en pécule quasi-castrense tout ce qu'ils avaient acquis dans l'exercice ou à l'occasion de leur profession (l. 4, C., liv. 2, tit. 7, *de advocatis*).

Enfin une constitution de Justinien (l. 7, C., liv. 6, tit. 61, *de bonis quæ liberis*) déclare que toutes donations faites soit à un homme, soit à une femme par l'empereur ou l'impératrice constitueront à leur profit un pécule quasi-castrense.

En dernier lieu, le ch. 17 de la Novelle 123 du même empereur déclare que les biens qui adviendront à quelque titre que ce soit aux prêtres, diacres, sous-diacres, lecteurs, chantres, en un mot à tous individus dans les ordres, formeront à leur profit un pécule quasi-castrense.

Étant connues les personnes qui peuvent posséder un pécule et les biens qui en font partie, il nous reste à dire quels droits avaient les propriétaires du pécule quasi-castrense sur ce patrimoine.

En principe ces droits étaient les mêmes que ceux des propriétaires du pécule castrense, dont c'était l'extension au profit d'autres personnes que les soldats.

Toutefois il y avait encore des différences qui dépendaient des catégories de personnes qui possédaient de tels pécules, et des constitutions qui les avaient établis. En effet une loi de Justinien, au Code, nous apprend que quelques catégories de possesseurs de pécules quasi-castrenses seulement pouvaient tester. Entre autres possesseurs de pécules quasi-castrenses ayant ce droit de tester étaient les consuls et *les præsides provinciarum* (l. 37, p., C, liv. 3, tit. 28, *de inoffici testam*). Dans cette même loi, l'empereur déclare qu'il étend ce privilége du testament à tous ceux qui possèdent de tels pécules, en ajoutant toutefois, ce qui est naturel, qu'ils se conformeront aux régles ordinaires du droit et ne pourront user du testament militaire (l. 1, §6, C., liv. 2, tit. 1, *de milit. testam*).

Outre le privilége du testament accordé á tous les possesseurs de pécules quasi-castrenses, Justinien les affranchit en outre de la *querela inofficiosi testamenti* qui ne pourra jamais être intentée contre leurs actes de dernière volonté (l. 37, §1, C., liv. 3, tit. 28, *de inofficii testam*).

POSITIONS.

PHILOSOPHIE DU DROIT.

1° Le droit international privé doit avoir pour base la loi nationale de l'étranger.

2° La loi nationale du défunt doit régir la succession en droit international privé.

DROIT ROMAIN.

1° Le mot pécule dérive de *pecus* et non *pusillus*.

2° La loi 8 au Digeste, liv. 49, tit. 17 *de pecul. castr.*, n'est pas contraire aux lois 13 et 16 au même titre; car elle s'occupe de legs ou de donations, tandis que celles-ci ont en vue des institutions d'héritiers.

3° La loi 0 au Digeste, au même titre, contient une théorie différente de celle de Papinien, dans le § 1er de la loi 14, également à ce titre, car ce dernier texte a subi interpolation de la part des compilateurs du Digeste.

4° Les mots *jure communi* (Inst., liv. 2, tit. 12. pr. i. f.) signifient par droit de puissance paternelle et non pas de succession.

5° Les textes du Digeste qui font mention du pécule quasi-castrense ont été altérés.

HISTOIRE DU DROIT FRANÇAIS.

1° Le régime matrimonial des Gaulois n'est pas l'origine de la communauté.

2° Le passage de la loi Salique, « *De terra vero Salica...* » doit s'entendre de tout immeuble.

DROIT COUTUMIER.

Les étudiants étrangers de l'Université de Paris étaient exempts du droit d'aubaine.

DROIT CIVIL.

1° Aucun texte du Code civil ne s'oppose à ce qu'on fasse régir la succession des étrangers par leur loi nationale.

2° L'étranger non autorisé à fixer son domicile en France, peut néanmoins avoir un domicile en notre pays.

3° La succession de l'étranger autorisé à fixer son domicile en France sera régie par sa loi nationale et non par la loi française.

4° L'article 999 ne s'oppose pas à ce qu'un Français fasse un testament non authentique dans une autre forme que le testament olographe français, pourvu que cette forme soit usitée dans le pays où ce testament est rédigé.

5° Le prélèvement, autorisé par l'article 2 de la loi du 14 juillet 1810 sur les biens de la succession des étrangers qui sont situés en France, n'aura lieu que dans le cas où l'héritier français aura été exclu pour cause d'extranéité.

PROCÉDURE CIVILE.

Le tribunal seul compétent pour connaître de la succession de l'étranger est celui du dernier domicile du défunt.

2° La condamnation aux dépens ne peut être prononcée contre la partie qui succombe qu'autant que la partie gagnante y a formellement conclu.

DROIT COMMERCIAL.

1° La majorité en nombre exigée pour le concordat en matière de faillite doit s'entendre non-seulement de la majorité des créanciers présents à la délibération, mais de tous les créanciers.

2° L'autorisation de justice pourra suppléer à celle du mari pour autoriser une femme mariée à faire le commerce.

DROIT ADMINISTRATIF.

1° Le preneur peut en cas d'expropriation pour cause d'utilité publique obtenir une indemnité même quand son bail n'a pas date certaine.

2° En matière d'enregistrement, pour qu'on puisse exiger un droit proportionnel, il n'est pas nécessaire qu'il y ait une disposition expresse dans le tarif, une disposition implicite suffit; mais le droit proportionnel ne peut pas être établi par une simple analogie.

DROIT CRIMINEL.

1° La simple tentative d'avortement non suivie d'effet ne peut être punie, qu'elle ait été commise par la femme ou par un tiers.

2° Les médecins, chirurgiens et autres personnes énumérées dans l'article 378 du Code pénal, ainsi que tous ceux à qui sont confiés des secrets, comme prêtres, avocats, notaires, ne sont pas tenus, quand ils sont appelés en témoignage, de révéler ces secrets.

DROIT INTERNATIONAL.

1° Le principe d'exterritorialité ne fait pas obstacle à l'application de la règle *locus regit actum* aux ambassadeurs.

2° Sont également soumis à cette règle les Européens domiciliés dans les Échelles du Levant.

Vu par le Président de la Thèse,
Ernest DUBOIS,
Nancy, le 9 mars 1876.

Vu par le Doyen de la Faculté,
Ph. JALABERT.
Nancy, le 9 mars 1876.

Vu et permis d'imprimer,
Nancy, le 9 mars 1876.
Le Recteur, JACQUINET.

Nancy. — Imprimerie E. RÉAU, rue Saint-Dizier, 51. — 1876.

TABLE DES MATIÈRES.

Du pécule castrense et quasi-castrense

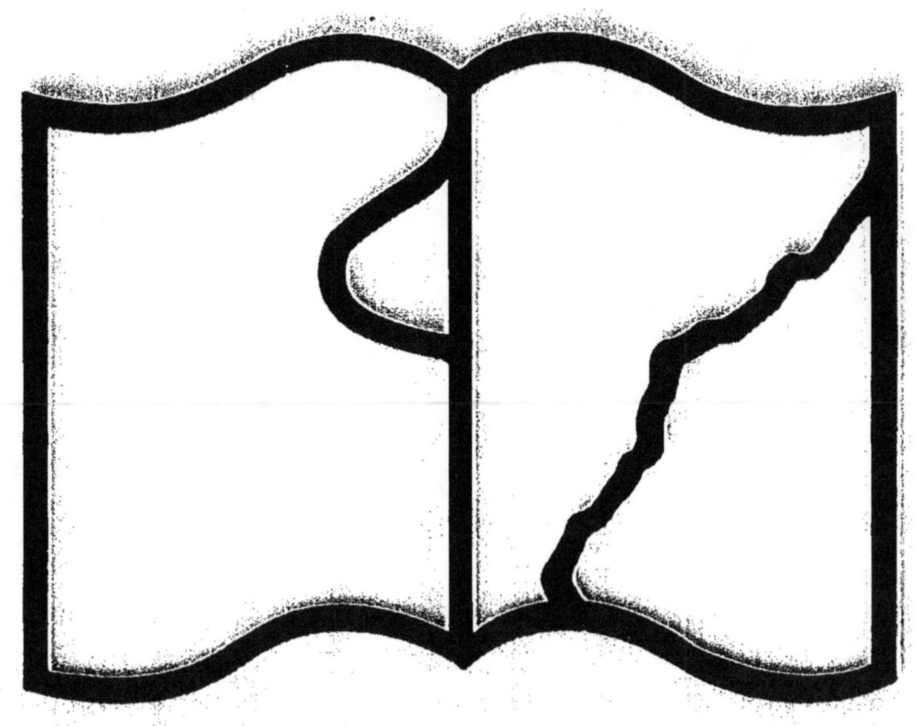

Texte détérioré — reliure défectueuse

NF Z 43-120-11